BASS CHORDS

by W

1 2 3 4 5 6 7 8 9 0

© 2000 BY MEL BAY PUBLICATIONS, INC., PACIFIC, MO 63069
ALL RIGHTS RESERVED. INTERNATIONAL COPYRIGHT SECURED. B.M.I. MADE AND PRINTED IN U.S.A.
No part of this publication may be reproduced in whole or in part, or in a retrieval system, or transmitted in any form
or by any means, electronic, mechanical, photocopy, recording, or otherwise, without the written permission of the publisher.
Visit us on the Web at http://www.melbay.com – E-mail us at email@melbay.com

Title	Page	Title	Page
Chords in C	4	Blues in C	28
Chords in D♭	6	Blues in F	28
Chords in D	8	Blues in B♭	28
Chords in E♭	10	Blues in E♭	29
Chords in E	12	Blues in A♭	29
Chords in F	14	Blues in D♭	30
Chords in G♭	16	Blues in G♭	30
Chords in G	18	Blues in B	30
Chords in A♭	20	Blues in E	31
Chords in A	22	Blues in A	31
Chords in B♭	24	Blues in D	32
Chords in B	26	Blues in G	32

C

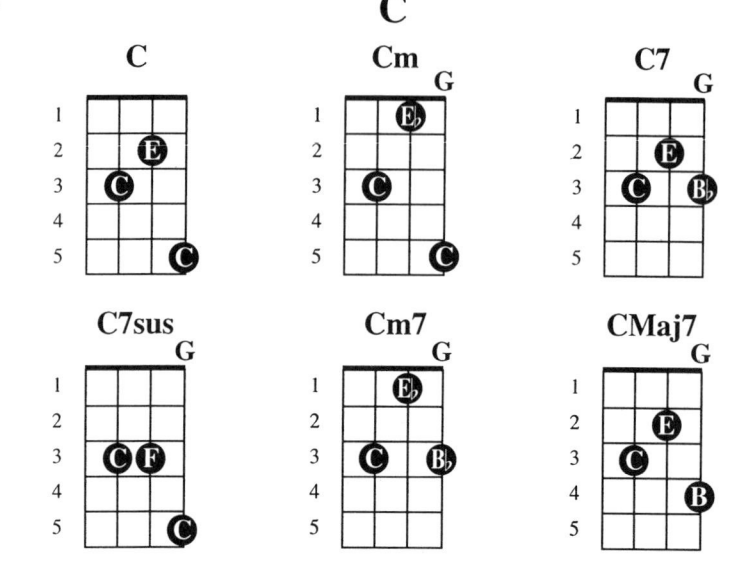

C
Cm
C7
C7sus
Cm7
CMaj7

C C# D D#*E F F#*G G# A A#*B C C# D
2 3 4

C

Cdim

E♭
G♭

Caug

G♯
E

C6

G
E

Cm6

G
E♭

C7♯5

G♯
E
B♭

C7♭5

E
B♭
G♭

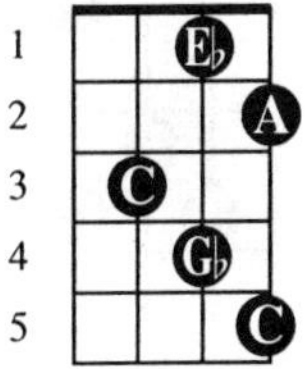

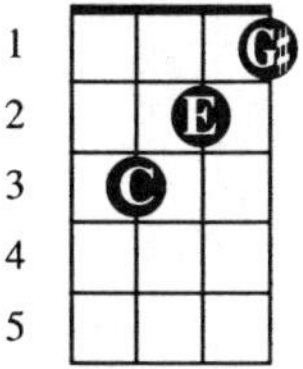

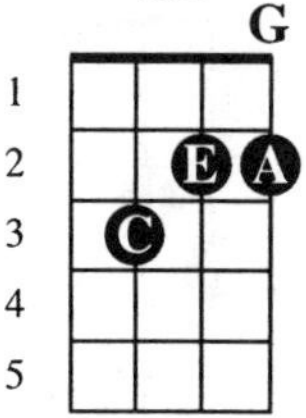

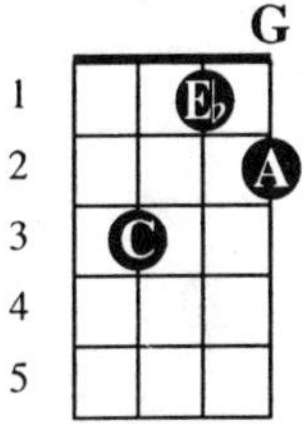

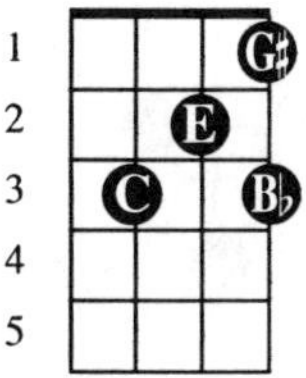

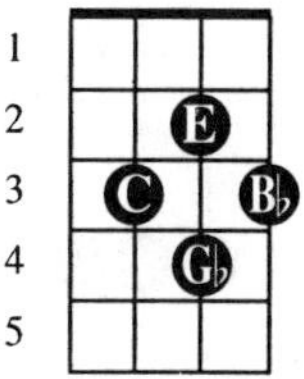

D♭

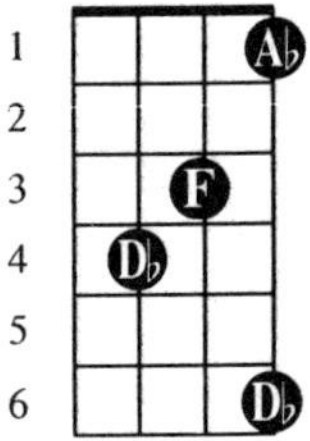

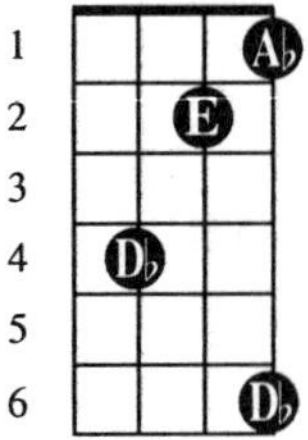

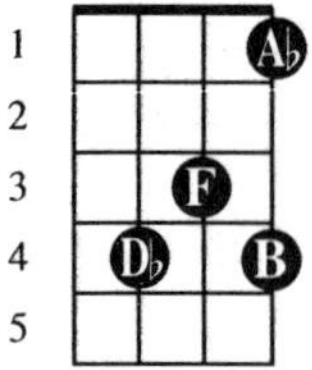

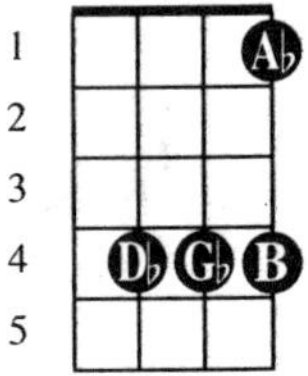

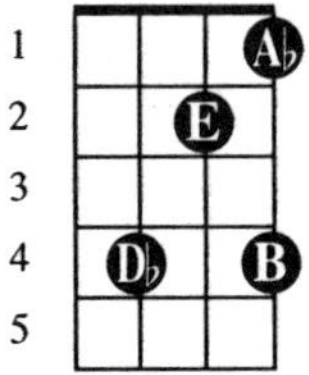

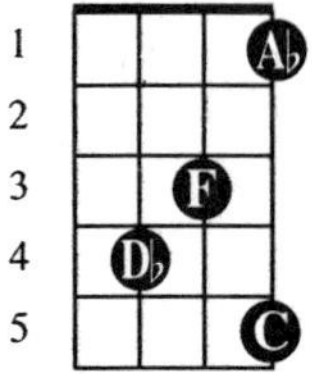

D♭

D♭dim
G
- E (fret 2)
- B♭ (fret 3)
- D♭ (fret 4)

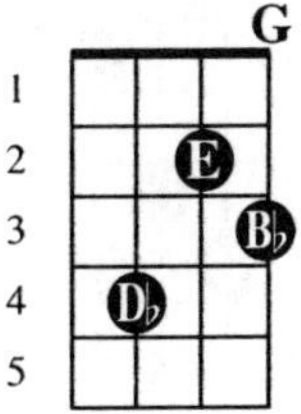

D♭aug
- A (fret 2)
- F (fret 3)
- D♭ (fret 4)

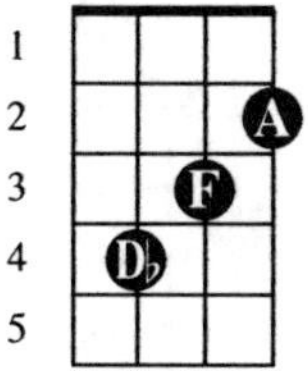

D♭6
- A♭ (fret 1)
- F, B♭ (fret 3)
- D♭ (fret 4)

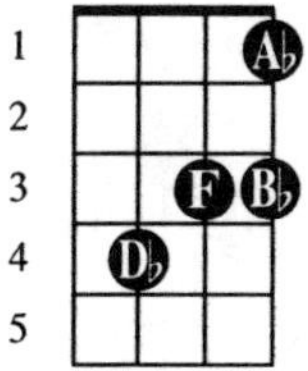

D♭m6
- A♭ (fret 1)
- E (fret 2)
- B♭ (fret 3)
- D♭ (fret 4)

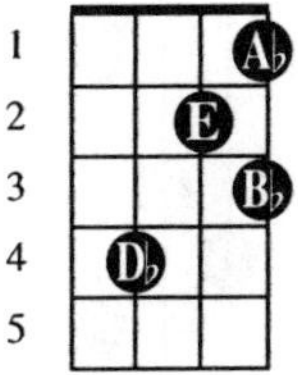

D♭7♯5
- A (fret 2)
- F (fret 3)
- D♭, B (fret 4)

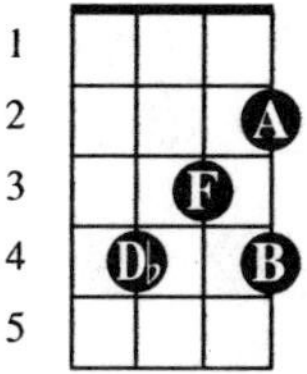

D♭7♭5
G
- F (fret 3)
- D♭, B (fret 4)

7

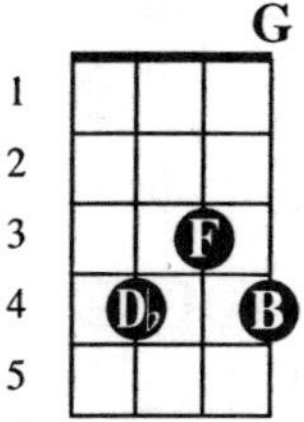

D

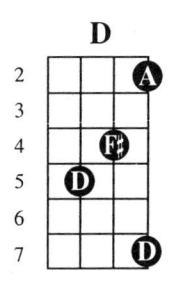

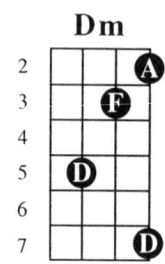

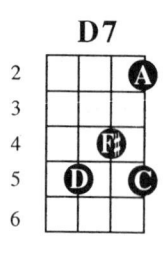

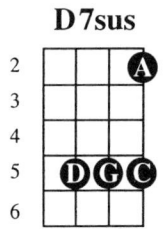

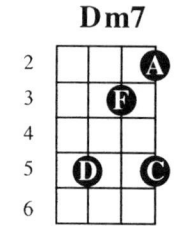

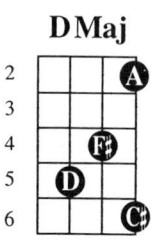

D
Dm
D7
D7sus
Dm7
DMaj

D D# E F F# G G# A A# B C C# D

D

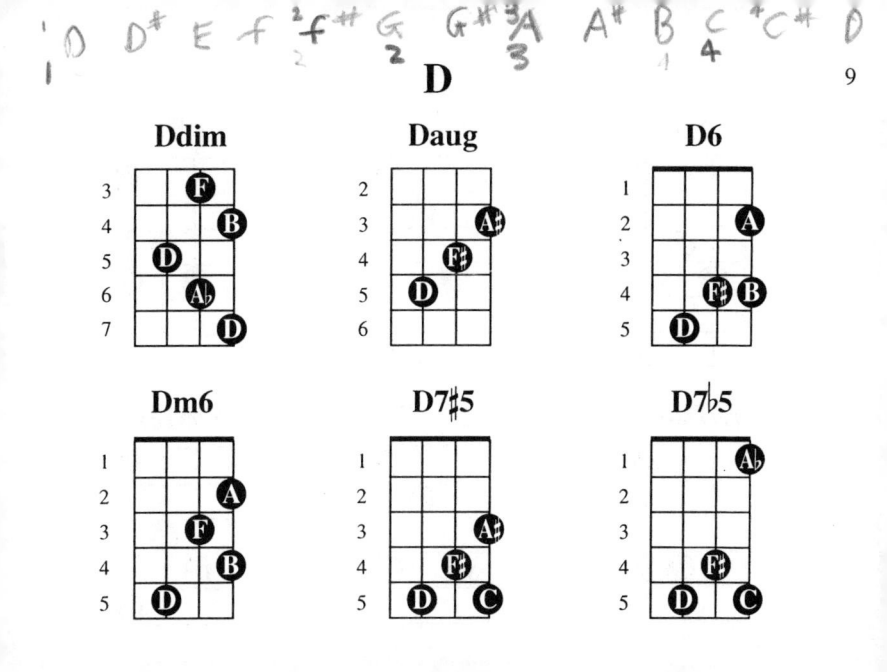

Ddim

Daug

D6

Dm6

D7♯5

D7♭5

E♭

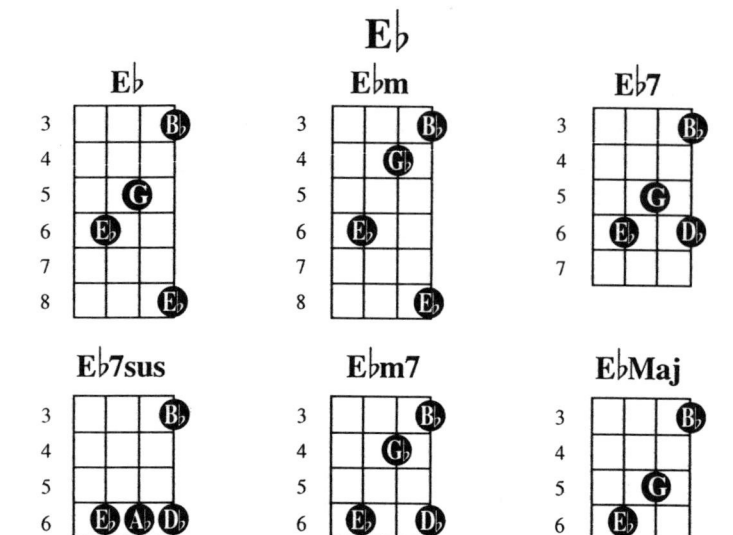

E♭
E♭m
E♭7
E♭7sus
E♭m7
E♭Maj

E♭

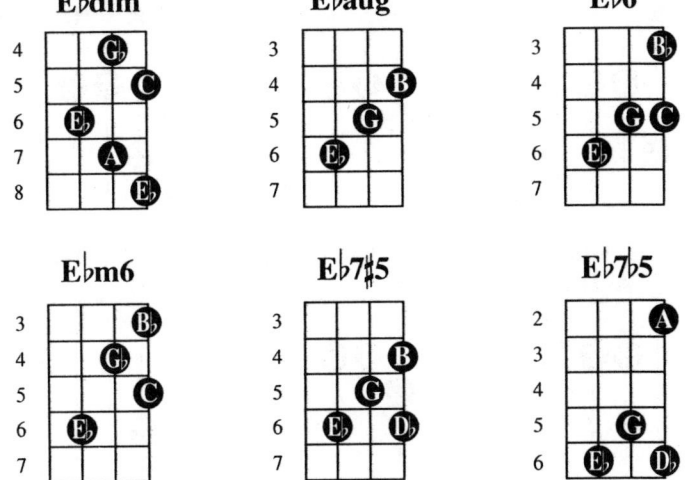

E♭dim

```
     4 | | |G♭| |
     5 | | | |C|
     6 |E♭| | |
     7 | |A| |
     8 | | | |E♭|
```

E♭aug

```
     3 | | | | |
     4 | | | |B|
     5 | | |G| |
     6 |E♭| | |
     7 | | | | |
```

E♭6

```
     3 | | | |B♭|
     4 | | | | |
     5 | | |G|C|
     6 |E♭| | |
     7 | | | | |
```

E♭m6

```
     3 | | | |B♭|
     4 | | |G♭| |
     5 | | | |C|
     6 |E♭| | |
     7 | | | | |
```

E♭7♯5

```
     3 | | | | |
     4 | | | |B|
     5 | | |G| |
     6 |E♭| |D♭|
     7 | | | | |
```

E♭7♭5

```
     2 | | | |A|
     3 | | | | |
     4 | | | | |
     5 | | |G| |
     6 |E♭| |D♭|
```

E f f# G G# A A# B C C# D D# E f f#
    2   3   4

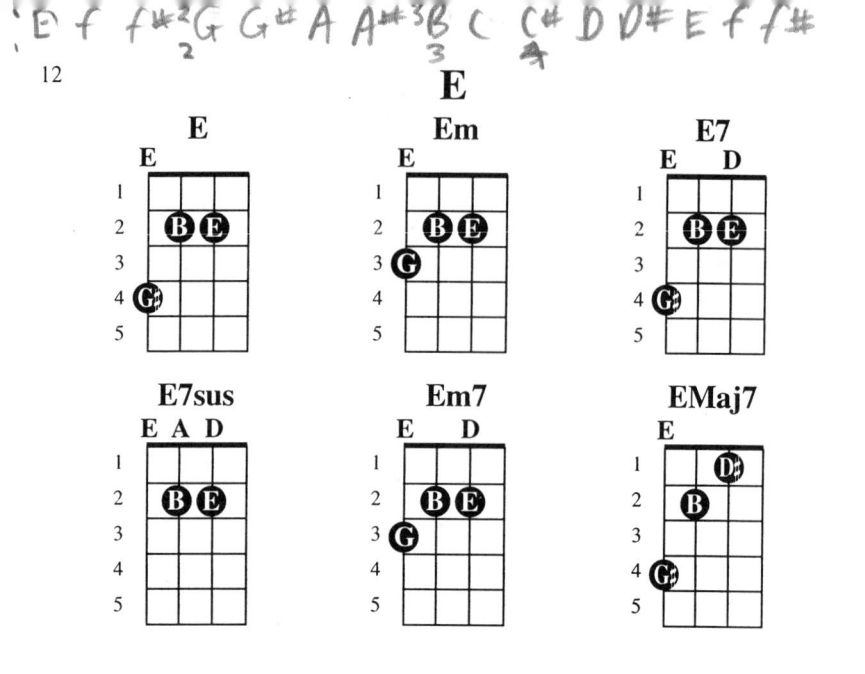

12

E

E
```
       E
   1 |   |   |   |
   2 |   | B | E |
   3 |   |   |   |
   4 | G#|   |   |
   5 |   |   |   |
```

Em
```
       E
   1 |   |   |   |
   2 |   | B | E |
   3 | G |   |   |
   4 |   |   |   |
   5 |   |   |   |
```

E7
```
       E       D
   1 |   |   |   |
   2 |   | B | E |
   3 |   |   |   |
   4 | G#|   |   |
   5 |   |   |   |
```

E7sus
```
     E  A  D
   1 |   |   |   |
   2 |   | B | E |
   3 |   |   |   |
   4 |   |   |   |
   5 |   |   |   |
```

Em7
```
       E       D
   1 |   |   |   |
   2 |   | B | E |
   3 | G |   |   |
   4 |   |   |   |
   5 |   |   |   |
```

EMaj7
```
       E
   1 |   |   | D#|
   2 |   | B |   |
   3 |   |   |   |
   4 | G#|   |   |
   5 |   |   |   |
```

E f f# G G# A A# B C C# D D# E f

E

Edim
```
    E
1   B♭
2       E
3  G
4      C#
5
```

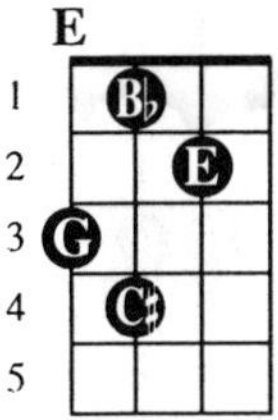

Eaug
```
    E
1
2       E
3      C
4  G#
5
```

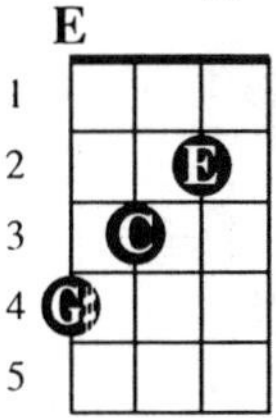

E6
```
    E
1
2    B  E
3
4   G# C#
5
```

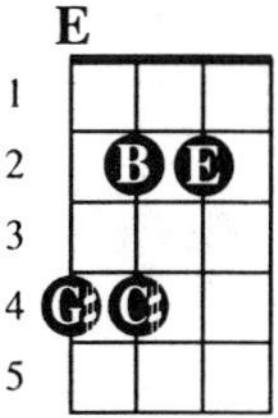

Em6
```
    E
1
2    B  E
3  G
4      C#
5
```

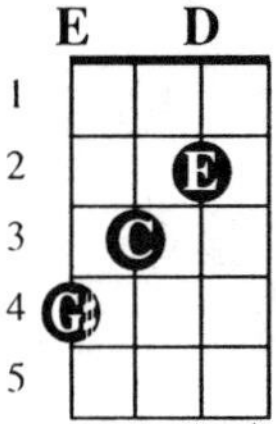

E7#5
```
    E   D
1
2       E
3      C
4  G#
5
```

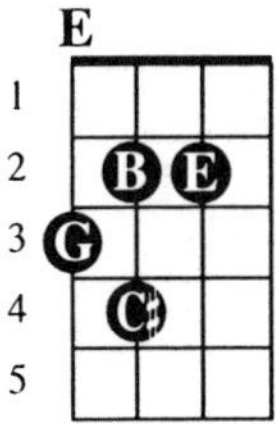

E7♭5
```
    E   D
1   B♭
2       E
3
4  G#
5
```

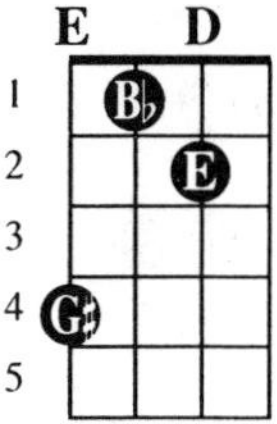

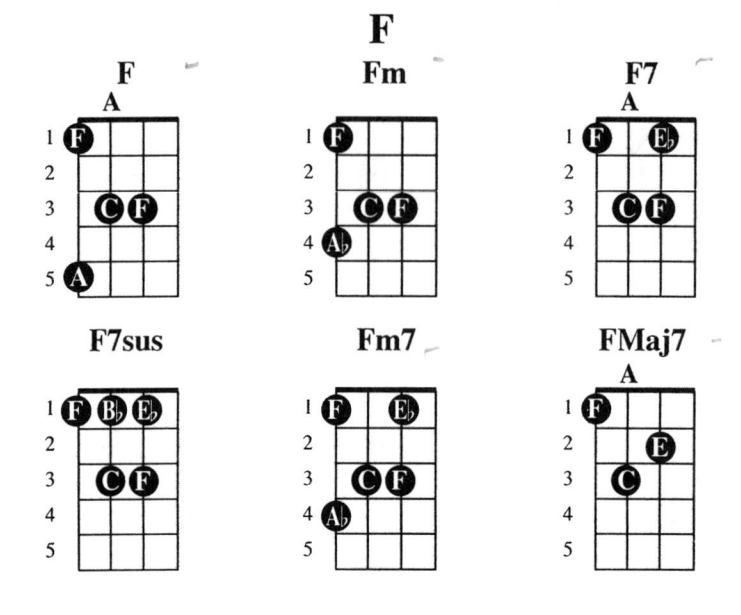

F

F

Fm

F7

F7sus

Fm7

FMaj7

F

Fdim
- 1: F
- 2: B
- 3: F (D string)
- 4: A♭

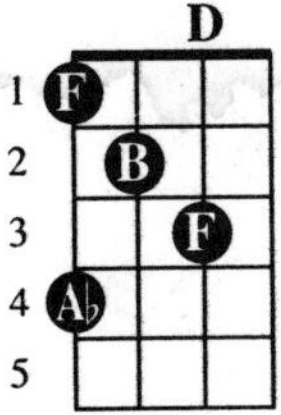

Faug
- 1: F (A)
- 3: F
- 4: C♯

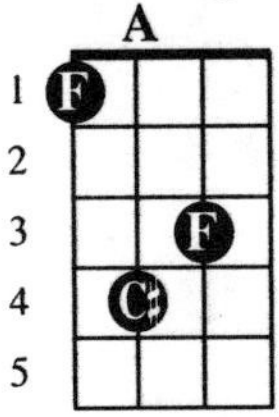

F6
- 1: F (A, D)
- 3: C, F

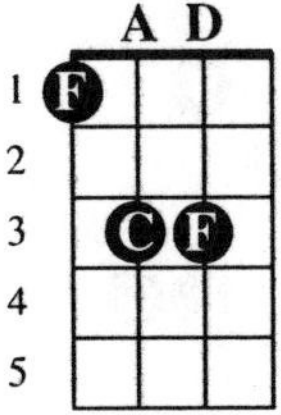

Fm6
- 1: F (D)
- 3: C, F
- 4: A♭

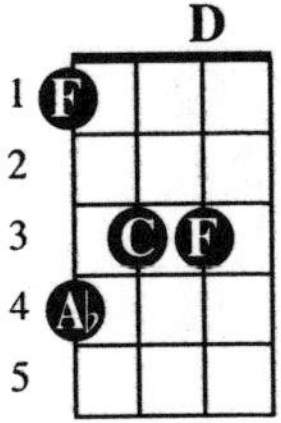

F7♯5
- 1: F, E♭ (A)
- 3: F
- 4: C♯

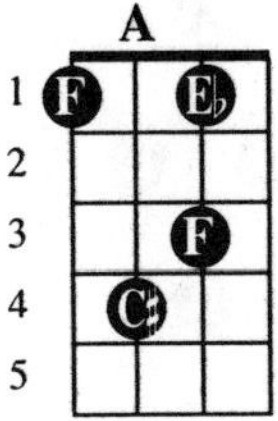

F7♭5
- 1: F, E♭ (A)
- 2: B
- 3: F

15

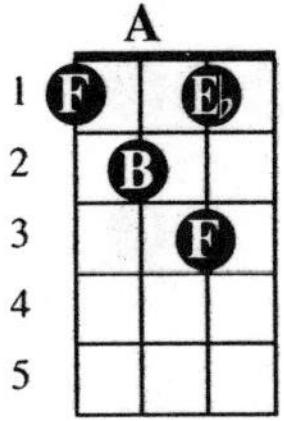

G♭

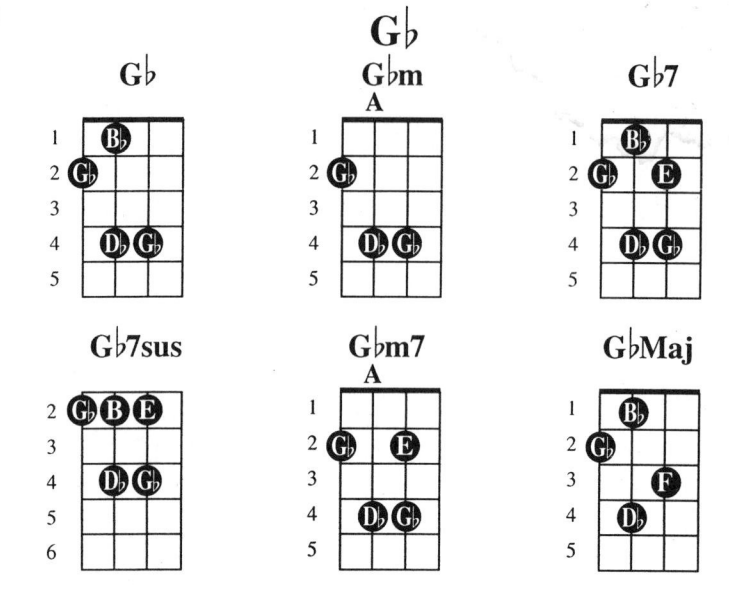

G♭

```
1 | B♭ |   |
2 | G♭ |   |
3 |    |   |
4 |    | D♭ | G♭
5 |    |   |
```

G♭m
A

```
1 |    |   |
2 | G♭ |   |
3 |    |   |
4 |    | D♭ | G♭
5 |    |   |
```

G♭7

```
1 | B♭ |   |
2 | G♭ | E  |
3 |    |   |
4 |    | D♭ | G♭
5 |    |   |
```

G♭7sus

```
2 | G♭ | B  | E
3 |    |   |
4 |    | D♭ | G♭
5 |    |   |
6 |    |   |
```

G♭m7
A

```
1 |    |   |
2 | G♭ | E  |
3 |    |   |
4 |    | D♭ | G♭
5 |    |   |
```

G♭Maj

```
1 | B♭ |   |
2 | G♭ |   |
3 |    |   | F
4 | D♭ |   |
5 |    |   |
```

G♭

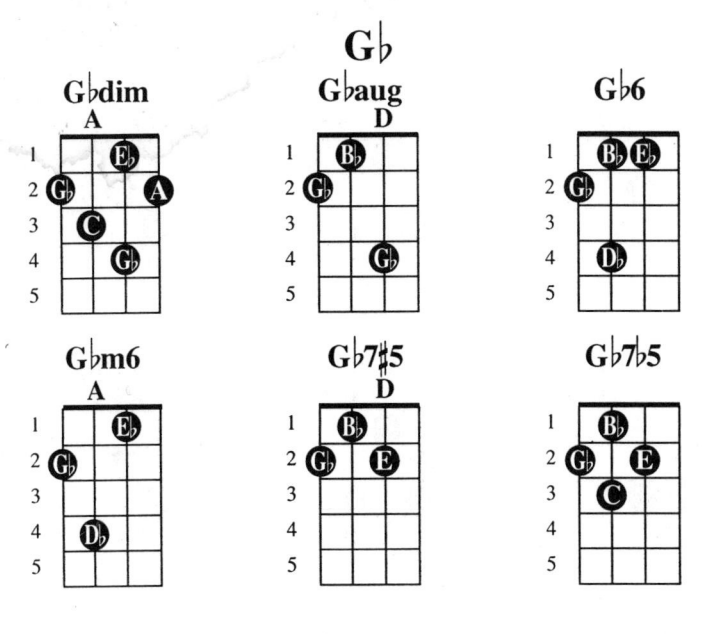

G♭dim

G♭aug

G♭6

G♭m6

G♭7♯5

G♭7♭5

G

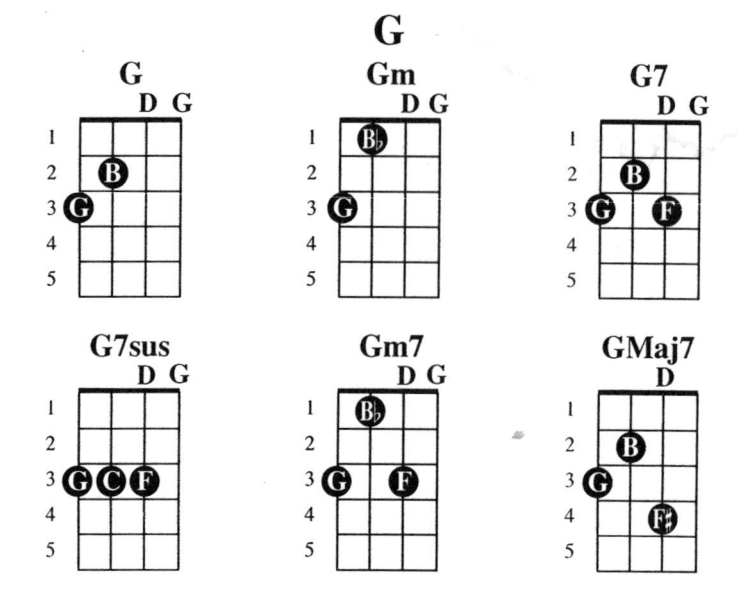

G
- Fret 2: B
- Fret 3: G

Gm
- Fret 1: B♭
- Fret 3: G

G7
- Fret 2: B
- Fret 3: G, F

G7sus
- Fret 3: G, C, F

Gm7
- Fret 1: B♭
- Fret 3: G, F

GMaj7
- Fret 2: B
- Fret 3: G
- Fret 4: F#

G G# A A#/B C C#/D D# E F F# G G# A
1   2   3   4   19

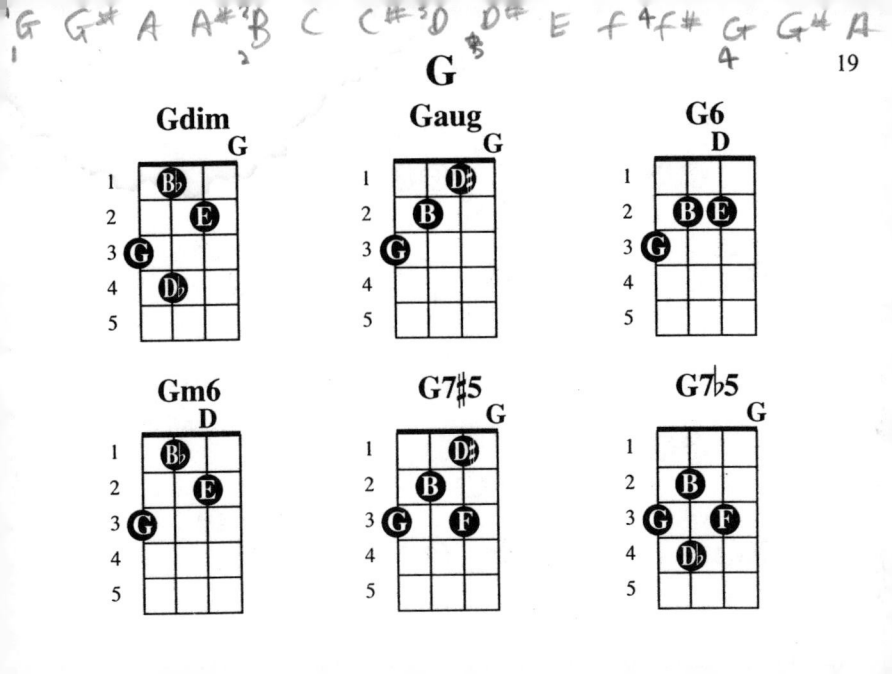

G

Gdim
```
        G
1  [B♭]
2       [E]
3 [G]
4       [D♭]
5
```

Gaug
```
        G
1  [D#]
2       [B]
3 [G]
4
5
```

G6
```
        D
1
2       [B][E]
3 [G]
4
5
```

Gm6
```
        D
1  [B♭]
2       [E]
3 [G]
4
5
```

G7#5
```
        G
1  [D#]
2       [B]
3 [G]   [F]
4
5
```

G7♭5
```
        G
1
2       [B]
3 [G]   [F]
4       [D♭]
5
```

A♭

A♭
- 1: E♭, A♭
- 3: C
- 4: A♭

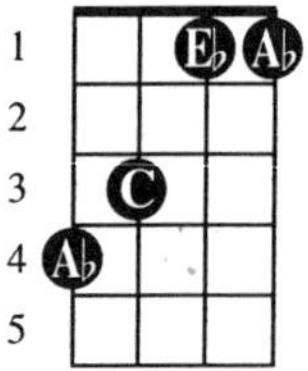

A♭m
- 1: E♭, A♭
- 2: B
- 4: A♭

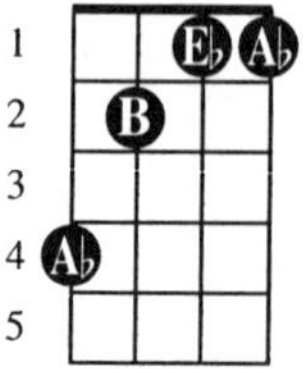

A♭7
- 1: E♭
- 3: C
- 4: A♭, G♭

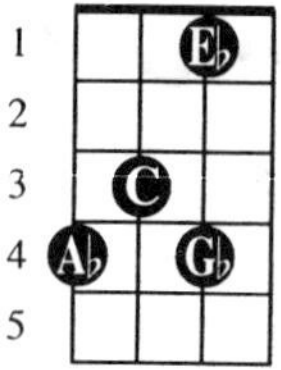

A♭7sus
- 1: E♭, A♭
- 4: A♭, D♭, G♭

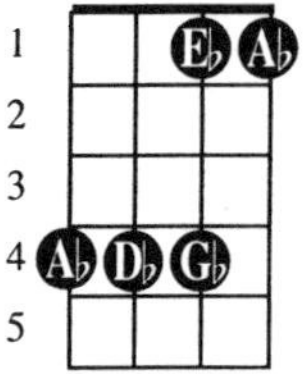

A♭m7
- 1: E♭
- 2: B
- 4: A♭, G♭

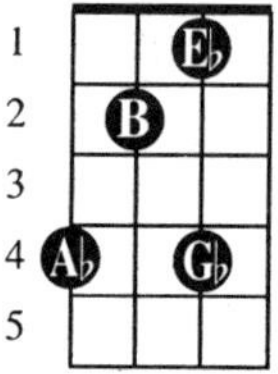

A♭Maj
G
- 1: E♭
- 3: C
- 4: A♭

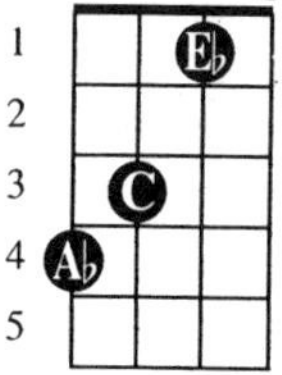

A♭ A A# B²C C# D³D# E F F#⁴ G G# A

A♭ ³

A♭dim
D
1: A♭
2: B
3: F
4: A♭

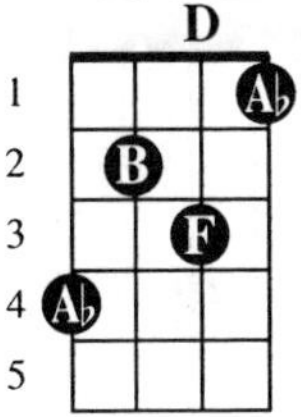

A♭aug
1: A♭
2: E
3: C
4: A♭

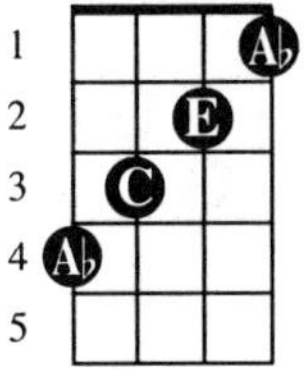

A♭6
1: E♭
2:
3: C, F
4: A♭

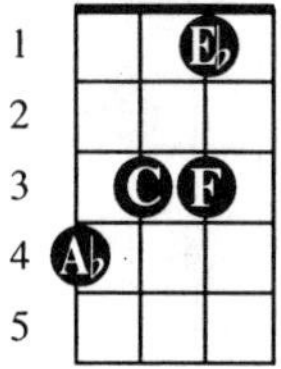

A♭m6
1: E♭
2: B
3: F
4: A♭

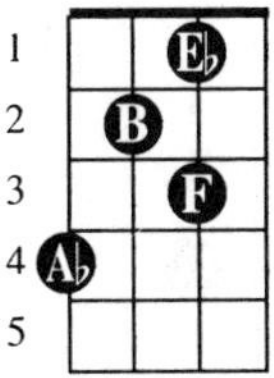

A♭7♯5
1:
2: E
3: C
4: A♭, G♭

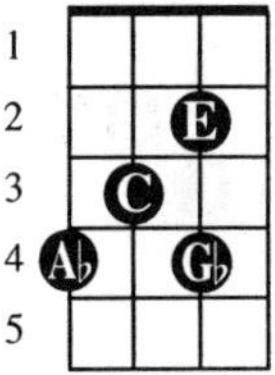

A♭7♭5
D
1:
2:
3: C
4: A♭, G♭

21

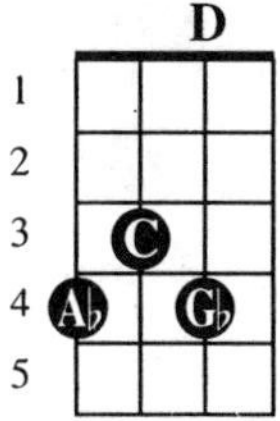

A

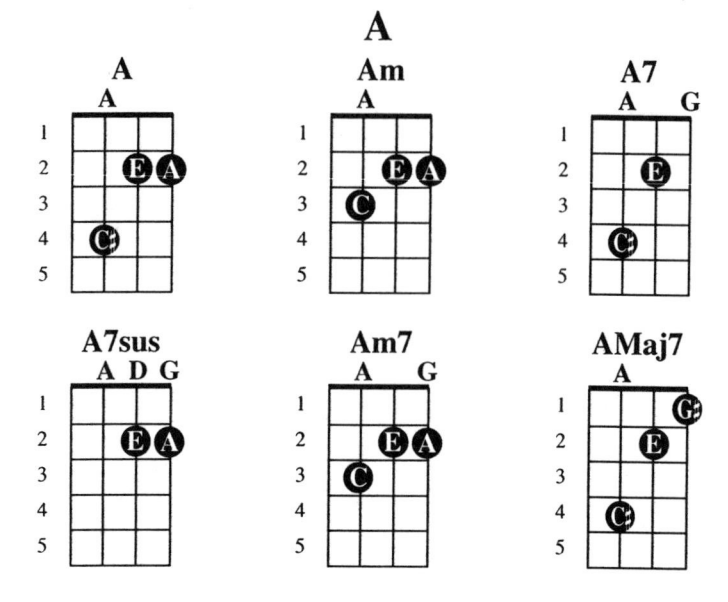

A
- 2nd fret: E, A
- 4th fret: C#

Am
- 2nd fret: E, A
- 3rd fret: C

A7
- 2nd fret: E
- 4th fret: C#
- Open: A, G

A7sus
- 2nd fret: E, A
- Open: A, D, G

Am7
- 2nd fret: E, A
- 3rd fret: C
- Open: A, G

AMaj7
- 1st fret: G#
- 2nd fret: E
- 4th fret: C#
- Open: A

A

A dim
- E♭
- A
- C
- G♭

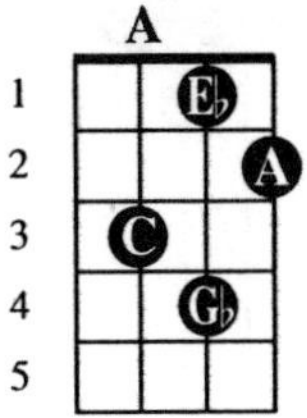

A aug
- A 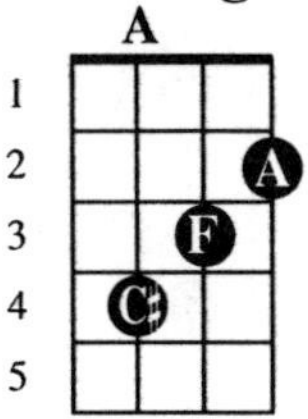
- F
- C#

A 6
- E
- C#
- F#

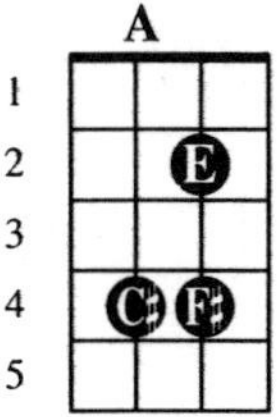

A m6
- E
- C
- F#

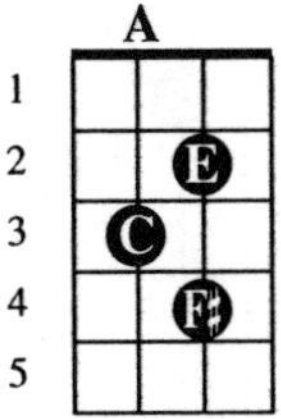

A 7#5
- F
- C#

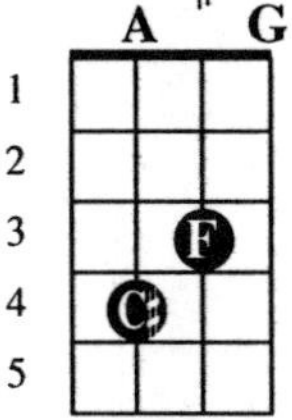

A 7♭5
- E♭
- C#

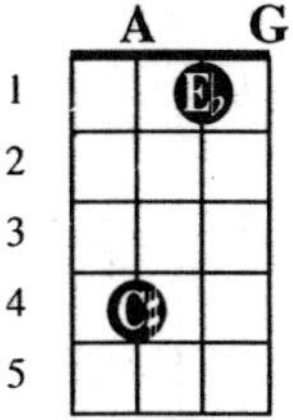

B♭

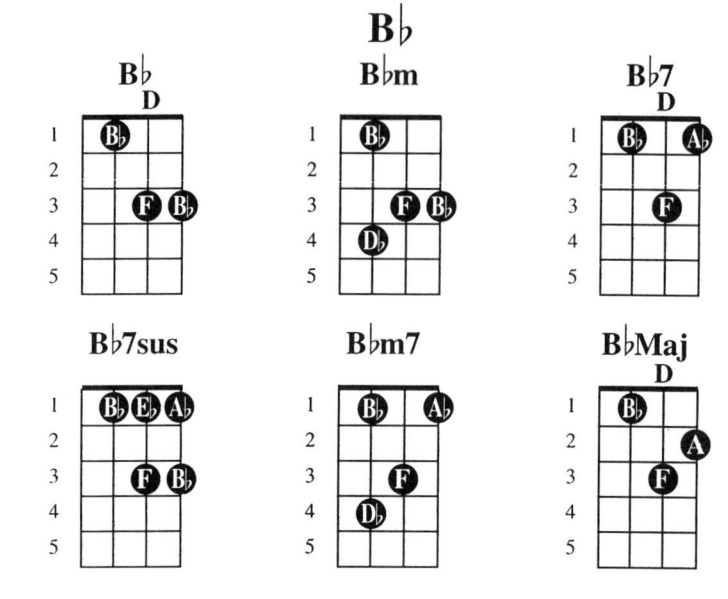

B♭

B♭m

B♭7

B♭7sus

B♭m7

B♭Maj

B♭

B♭dim
B♭aug
B♭6

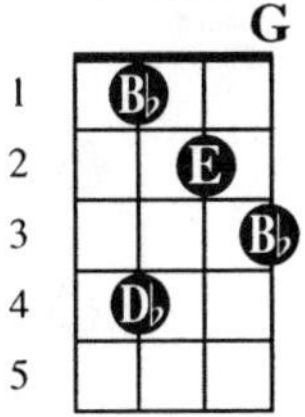

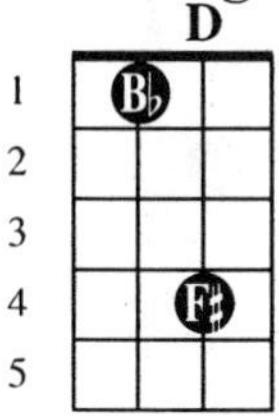

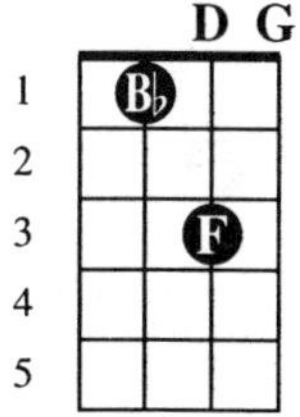

B♭m6
B♭7♯5
B♭7♭5

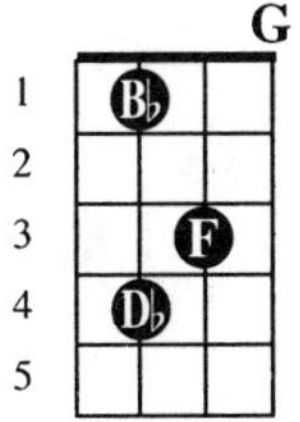

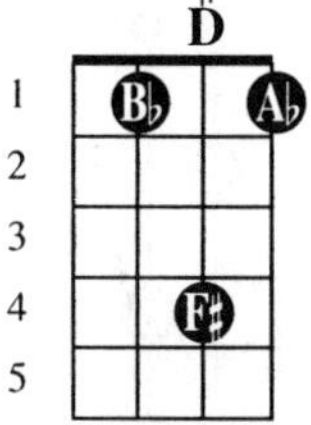

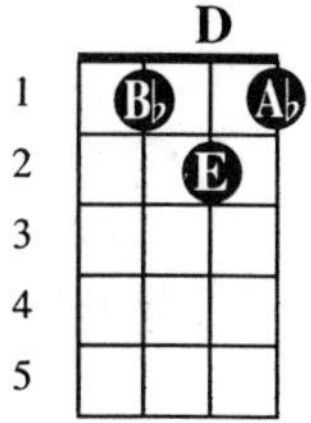

25

B

B
- 1: D#
- 2: B
- 4: F# B

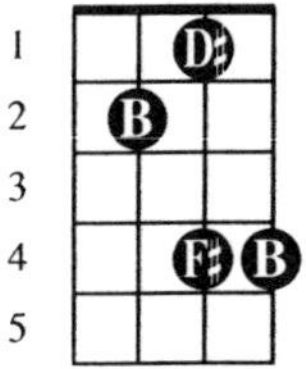

Bm
- D
- 2: B
- 4: F# B

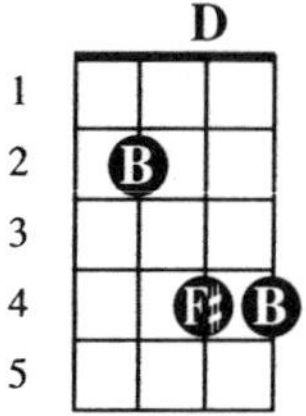

B7
- 1: D#
- 2: B, A
- 4: F# B

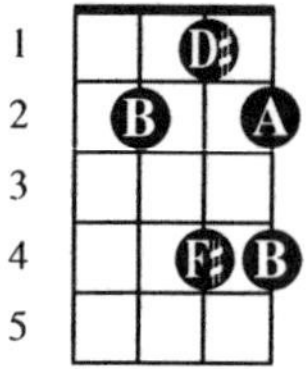

B7sus
- 2: B, E, A
- 4: F# B

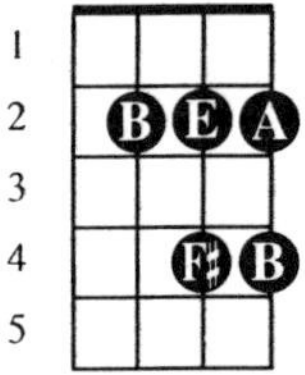

Bm7
- D
- 2: B, A
- 4: F#

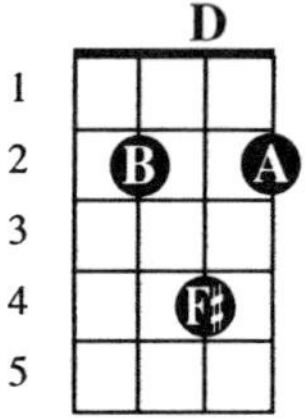

BMaj7
- 1: D#
- 2: B
- 3: A#
- 4: F#

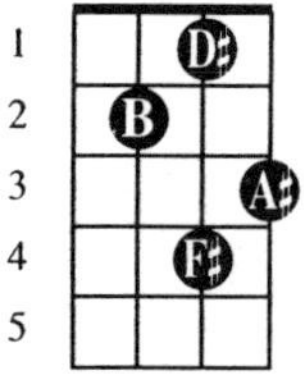

B

Bdim
D
- 1: A♭
- 2: B
- 3: F
- 4: B

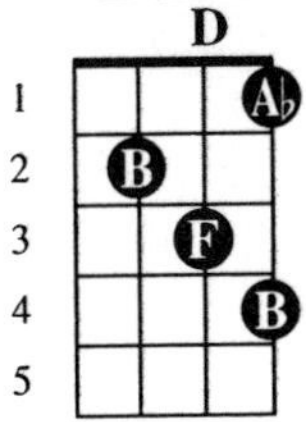

Baug
G
- 1: D♯
- 2: B

B6
- 1: D♯, G♯
- 2: B
- 4: F♯

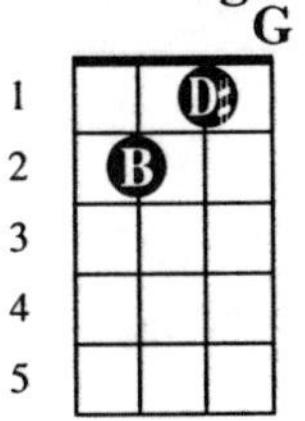

Bm6
D
- 1: G♯
- 2: B
- 4: F♯

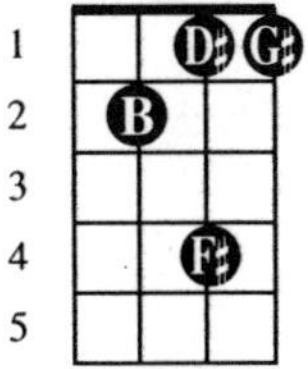

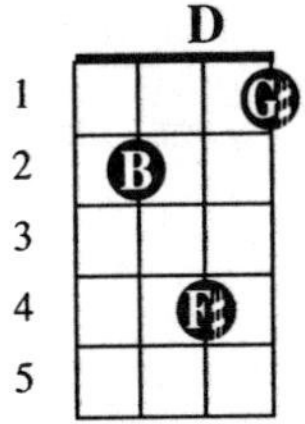

B7♯5
G
- 1: D♯
- 2: B, A

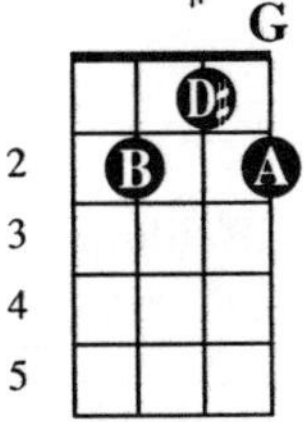

B7♭5
- 2: B, D♯, A
- 3: F

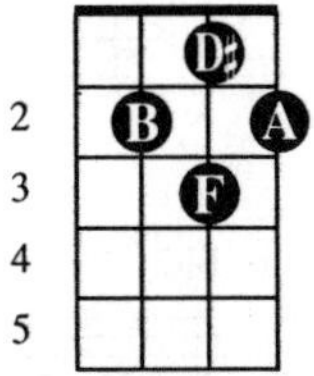

C Major Blues

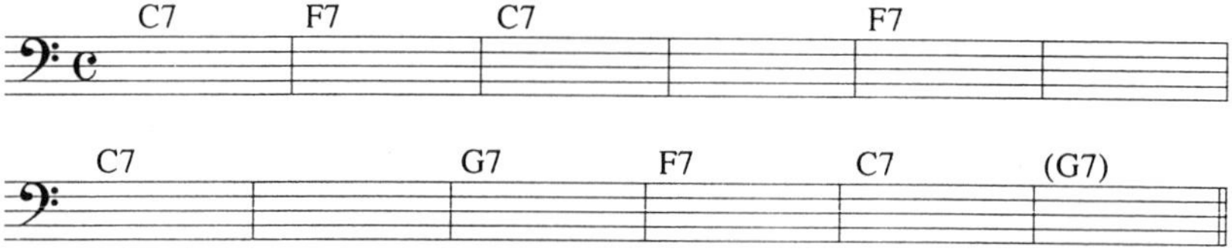

C7	F7	C7		F7	

C7		G7	F7	C7	(G7)

F Blues

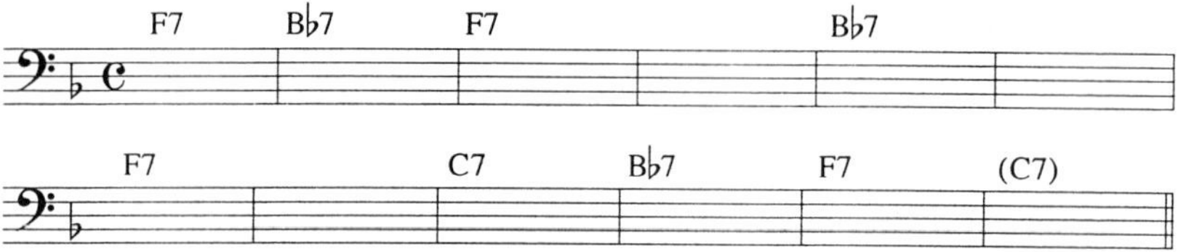

F7	Bb7	F7		Bb7	

F7		C7	Bb7	F7	(C7)

Bb Blues

Bb7	Eb7	Bb7		Eb7	

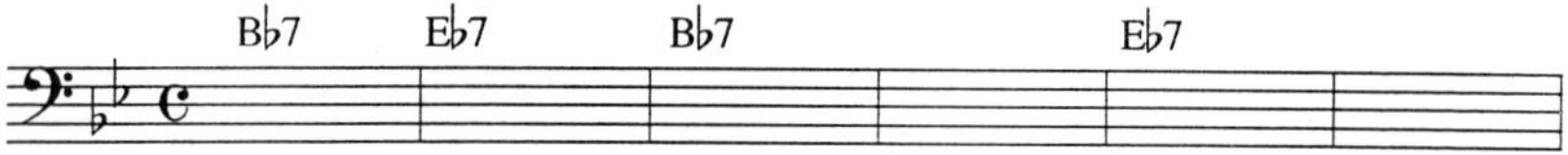

29

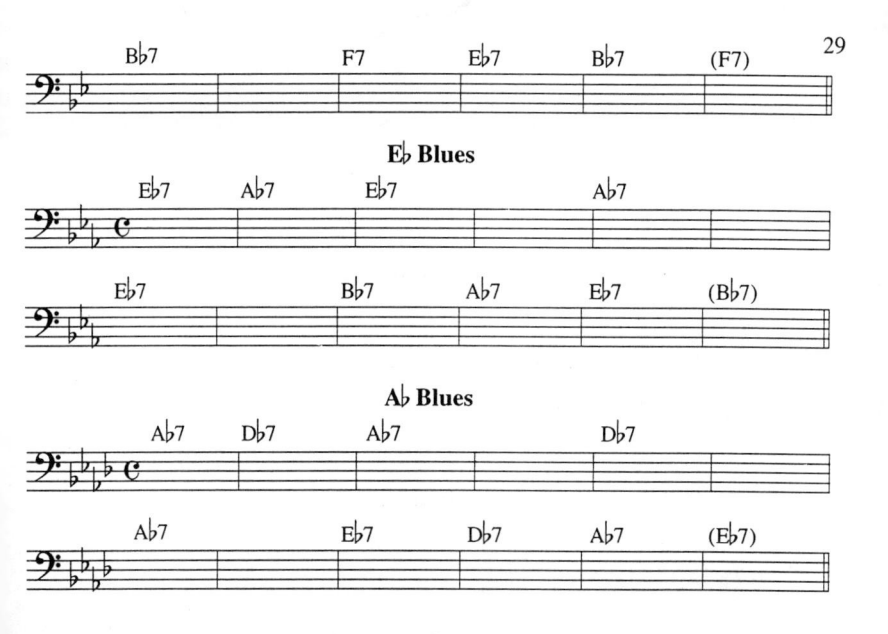

| Bb7 | | F7 | Eb7 | Bb7 | (F7) |

Eb Blues

| Eb7 | Ab7 | Eb7 | | Ab7 | |

| Eb7 | | Bb7 | Ab7 | Eb7 | (Bb7) |

Ab Blues

| Ab7 | Db7 | Ab7 | | Db7 | |

| Ab7 | | Eb7 | Db7 | Ab7 | (Eb7) |

D♭ Blues

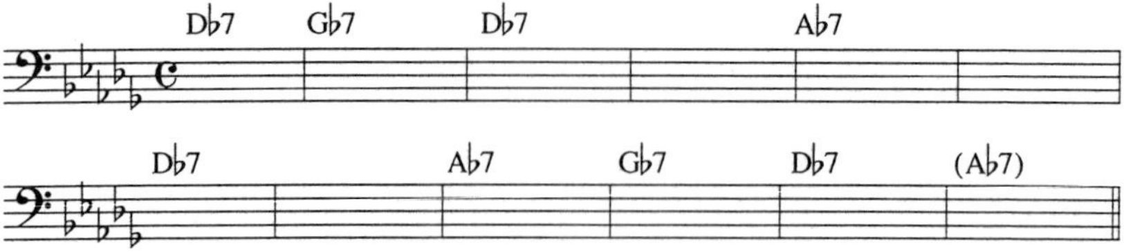

D♭7	G♭7	D♭7		A♭7	

D♭7		A♭7	G♭7	D♭7	(A♭7)

G♭ Blues

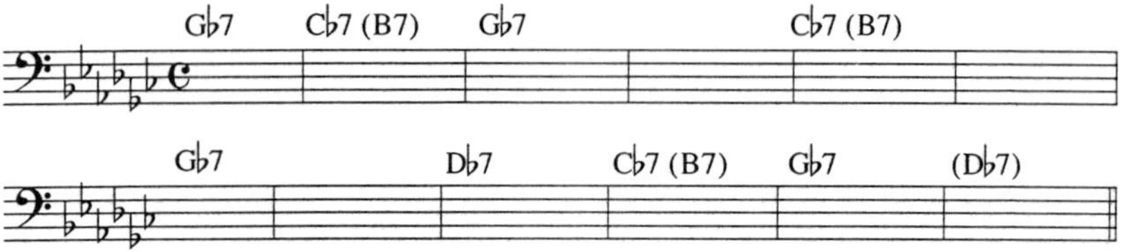

G♭7	C♭7 (B7)	G♭7		C♭7 (B7)	

G♭7		D♭7	C♭7 (B7)	G♭7	(D♭7)

B Blues

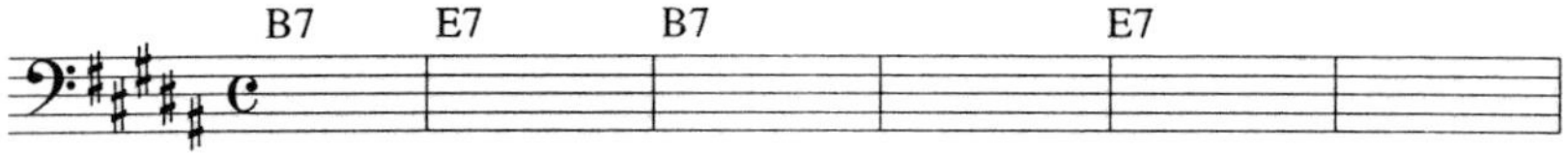

B7	E7	B7		E7	

31

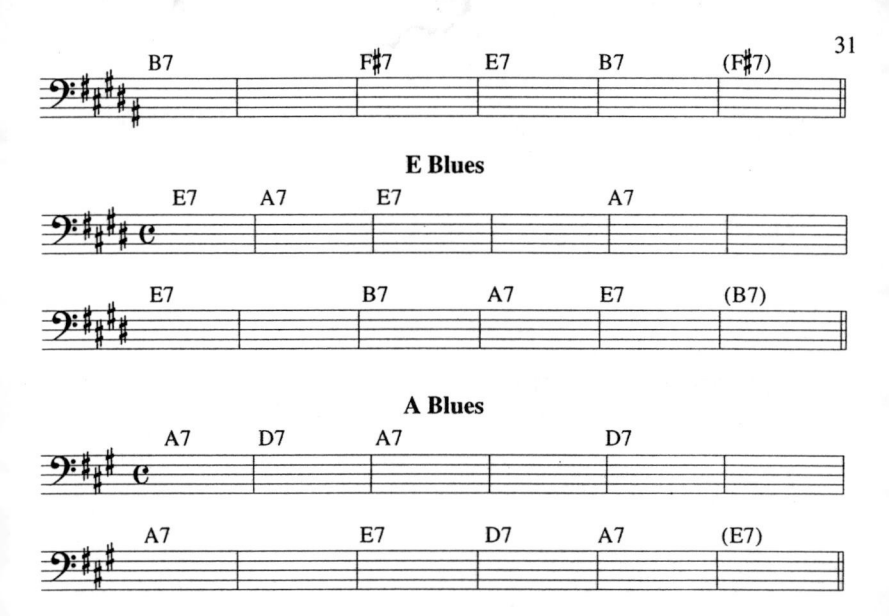

| B7 | | F#7 | E7 | B7 | (F#7) |

E Blues

| E7 | A7 | E7 | | A7 | |
| E7 | | B7 | A7 | E7 | (B7) |

A Blues

| A7 | D7 | A7 | | D7 | |
| A7 | | E7 | D7 | A7 | (E7) |

D Blues

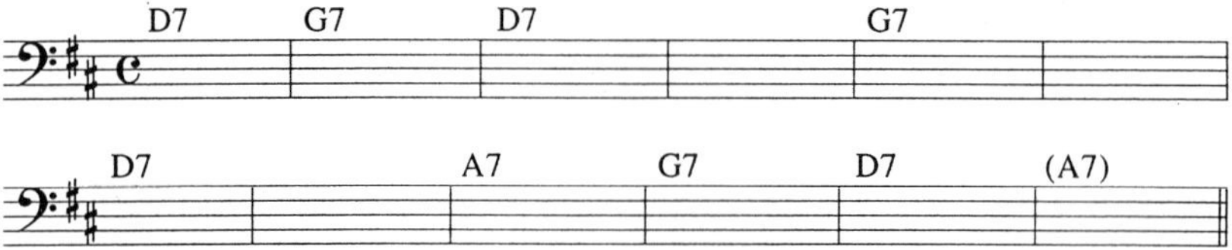

D7	G7	D7		G7	

D7		A7	G7	D7	(A7)

G Blues

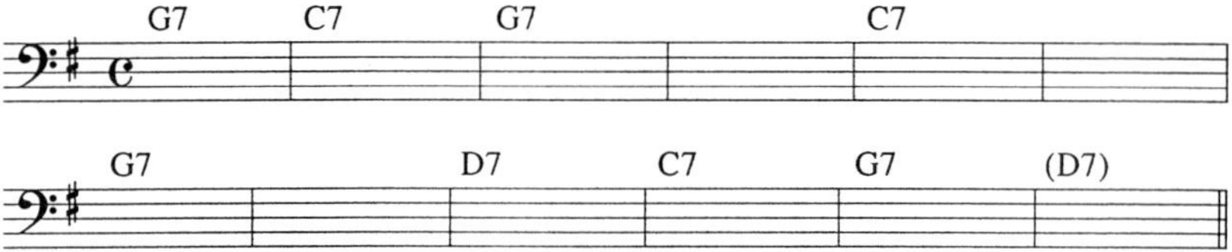

G7	C7	G7		C7	

G7		D7	C7	G7	(D7)